ο Τζακ
και η
Μαγική Φασολιά

ΚΕΙΜΕΝΟ: Ρίτσαρντ Γουόκερ
ΕΙΚΟΝΟΓΡΑΦΗΣΗ: Νιάμ Σάρκυ
ΑΠΟΔΟΣΗ: Ερρίκος Μπελιές

ΤΙΤΛΟΣ ΠΡΩΤΟΤΥΠΟΥ: Jack and the Beanstalk

ΠΡΩΤΗ ΕΚΔΟΣΗ: Αύγουστος 2002

ISBN 960-202-244-2

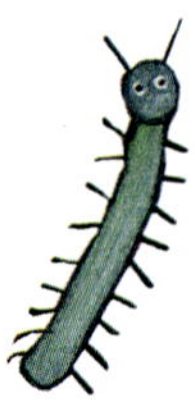

ΕΚΔΟΣΕΙΣ ΑΜΜΟΣ
ΙΠΠΟΚΡΑΤΟΥΣ 43, ΑΘΗΝΑ 106 80
ΤΗΛ.: 010 3633 083, 010 3632 669 - FAX: 010 3636 415
e-mail: ammosbooks@otenet.gr

ο Τζακ και η Μαγική Φασολιά

Κείμενο: Ρίτσαρντ Γουόκερ

Εικονογράφηση: Νιάμ Σάρκυ

Απόδοση: Ερρίκος Μπελιές

ΑΜΜΟΣ

Όχι, ο Τζακ δεν ήτανε τεμπέλης.
Απλώς, βαριόταν τις συνηθισμένες
δουλειές. Αυτό που γύρευε ήταν
η περιπέτεια! Κι όταν
την έβρισκε, ε, τότε γινόταν
άλλος άνθρωπος!
Συνήθως, όμως,
η ζωή του κυλούσε ήσυχα.

Ο Τζακ ζούσε με τη μαμά του και την αγελάδα τους, την Νταίζη, σ' ένα παλιό αγροτόσπιτο, λίγο έξω από την πόλη. Η μαμά του έκανε καμιά δουλίτσα εδώ κι εκεί και τα βολεύανε. Λεφτά πολλά δεν είχανε, όμως αυτό δεν τους ένοιαζε.

΄Ομως, έφτασε
κάποια μέρα που δεν
είχανε τίποτα να φάνε.
Στο σπίτι δεν είχε
μείνει ούτε ψίχουλο,
κι ούτε είχανε λεφτά
για ν' αγοράσουνε τρόφιμα.

«Δεν πάει άλλο αυτή η κατάσταση, Τζακ,» είπε στενοχωρημένη η μαμά του. «Πρέπει να πουλήσουμε την Νταίζη. Αύριο θα σηκωθείς πρωί-πρωί και θα την πας στο παζάρι. Αλλά, πρόσεξε, κακομοίρη μου, να πιάσεις καλή τιμή!»

Ο Τζακ κατάλαβε πως η μαμά του είχε δίκιο. Άλλωστε, πεινούσε πολύ. Έτσι, την άλλη μέρα, σηκώθηκε το ξημέρωμα, πήρε την Νταίζη από το σκοινί της κι άρχισε να κατηφορίζει προς την πόλη.

Δεν είχε προλάβει να πάει μακριά, όταν είδε μπροστά του έναν αστείο ανθρωπάκο, που φορούσε ένα φαρδύ, δερμάτινο σακάκι με τεράστιες, ξεχειλωμένες τσέπες.

«Καλημέρα,» του είπε ο ανθρωπάκος.

«Πολύ ωραία η αγελάδα σου. Θες να κάνουμε αλλαγή;»

«Αλλαγή με τι;» ρώτησε ο Τζακ.

«Μ' αυτά!» είπε πολύ περήφανος ο αστείος ανθρωπάκος και, χώνοντας το χέρι βαθιά στη μια τσέπη του, έβγαλε έξι χοντρουλά φασόλια.

«Μ' αυτά;» απόρησε ο Τζακ.

«Ναι, μ' αυτά!» απάντησε ο αστείος ανθρωπάκος. «Νομίζεις πως είναι συνηθισμένα φασόλια; Α, όχι, φίλε μου! Αυτά τα φασόλια είναι μαγικά! Αλλά, θα πρέπει να προσέχεις πολύ. Βλέπεις, έχω χάσει τις οδηγίες και δεν ξέρω τι ακριβώς κάνουν!»

Τα μαγικά ήταν η μεγάλη αδυναμία του Τζακ. Έτσι, έδωσε αμέσως την αγελάδα στον ανθρωπάκο, άρπαξε τα φασόλια και γύρισε τρέχοντας στο σπίτι.

Όταν ο Τζακ έφτασε στο σπίτι, όρμησε στην κουζίνα και πέταξε τα φασόλια πάνω στο τραπέζι, πολύ περήφανος για την ανταλλαγή που είχε πετύχει.

«Τι είν' αυτά;» φώναξε η μαμά του.

«Ωχ! Τώρα τι της λέω;» είπε μέσα του ο Τζακ.

«Είναι φασόλια και είναι μαγικά! ΄Εδωσα την Νταίζη και τα πήρα! Τουλάχιστον, έχουμε κάτι να φάμε... θέλω να πω, θα έχουμε κάτι να φάμε, άμα τα φυτέψουμε και φυτρώσουνε!»

Η μαμά του είχε γίνει έξαλλη.

Θυμωμένη, άνοιξε το παράθυρο
και πέταξε έξω τα φασόλια.
Εκείνο το βράδυ,
ο Τζακ και η μαμά του
πέσανε για ύπνο
στενοχωρημένοι
και πεινασμένοι.

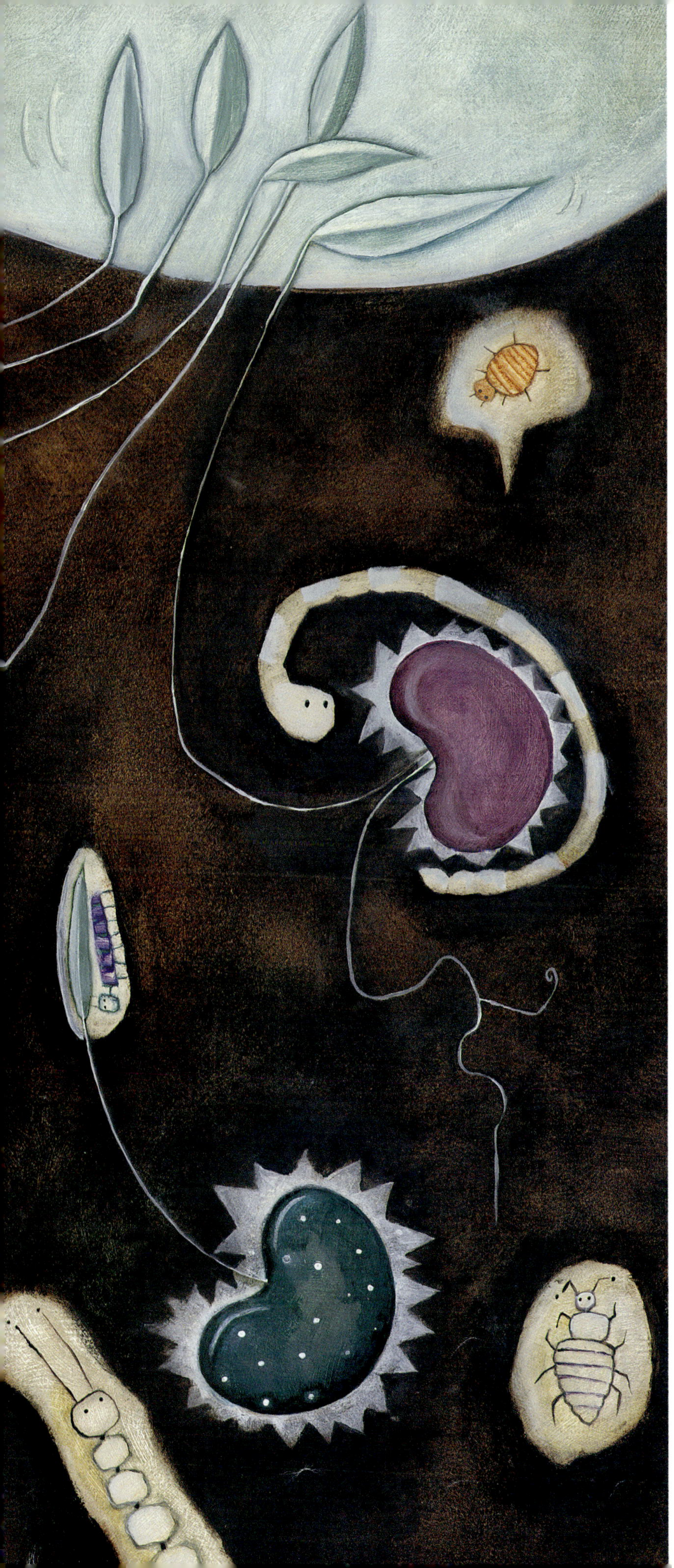

Όμως τη νύχτα,
στον κήπο άρχισαν
να συμβαίνουν
περίεργα πράγματα.
Τα φασόλια κατάφεραν
να χωθούν μέσα
στο χώμα και
να βγάλουν ρίζες!
Μέσα σε λίγη ώρα,
βλαστάρια άρχισαν
να ξεπροβάλλουν
από τη γη και να
υψώνονται προς
τον ουρανό!
Μεγάλωναν και
μεγάλωναν, ώσπου
έφτασαν ψηλά,
στα σύννεφα!

΄Ενα μακρύ, στριφογυριστό βλαστάρι έγειρε προς τα κάτω και χτύπησε το παράθυρο του Τζακ.

«Ποιος είναι;» είπε ο Τζακ και χασμουρήθηκε.

Χωρίς να ξέρει αν είναι ξύπνιος ή ονειρεύεται, πήγε στο παράθυρο και άνοιξε τις κουρτίνες. Το λαμπρό φεγγαρόφωτο φώτιζε την πιο μεγάλη φασολιά που είχε δει ποτέ ο Τζακ!

«Πού να φτάνει η κορφή της;» αναρωτήθηκε το αγόρι.

Μόνο ένας τρόπος υπήρχε για να το μάθει και, χωρίς να το ξανασκεφτεί, ανέβηκε στο περβάζι του παραθύρου, πήδηξε στη φασολιά κι άρχισε να σκαρφαλώνει στα βλαστάρια της. Σε λίγο, το σπίτι κάτω φαινότανε σαν κουκίδα!

Ύστερα από πολλή ώρα βρέθηκε στη χώρα των σύννεφων και πήδηξε από το τελευταίο βλαστάρι της φασολιάς πάνω σ' ένα αφράτο, γκρίζο σύννεφο. Μακριά στο βάθος ξεχώριζε ένα πελώριο κάστρο. Ο Τζακ πήγε ως εκεί και χτύπησε την καστρόπορτα.

Άκουσε ήχους από κλειδιά που έστριβαν,
κρότους από αμπάρες που τραβιόντουσαν
και κροτάλισμα αλυσίδων που ξεσφίγγονταν.
Τελικά, η βαριά πόρτα έτριξε δυνατά και άνοιξε
ελάχιστα. Μέσα από το άνοιγμα, ο Τζακ είδε να
τον κοιτάζει μια γριούλα που κράταγε ένα κερί.

«Δεν μπορείς να μπεις!» του ψιθύρισε. «Όπου νάναι θα γυρίσει. Καλύτερα

ΝΑ ΦΥΓΕΙΣ!»

«Σας παρακαλώ!» είπε ο Τζακ ικετευτικά. «Είμαι ξένος εδώ και πεινάω πολύ. Δεν μπορώ να μπω για λίγο μέσα να φάω κάτι;»

Η γυναίκα τον κοίταξε πιο προσεκτικά και είδε πως ήταν όμορφο παιδί με καλοσυνάτο χαμόγελο.

«Άντε, έλα μέσα,» του είπε, «αλλά θα φύγεις αμέσως για να μη σε δει εκείνος.»

«*Εκείνος*; Ποιος *εκείνος*;» ρώτησε ο Τζακ, καθώς προχωρούσαν στους σκονισμένους διαδρόμους του κάστρου πηγαίνοντας προς την κουζίνα. Ολόγυρα, υπήρχαν στοιβαγμένα μεγάλα σακιά, που κουδουνίζανε καθώς ο Τζακ τα σκούνταγε στο πέρασμά του. Ήταν γεμάτα χρυσά νομίσματα!

«Ο γίγαντας, φυσικά. Αν σε πιάσει, χάθηκες!

Αυτό τον καιρό είναι στις κακές του, γι' αυτό καλύτερα να μη βρεθείς μπροστά του. Αν τον δεις να έρχεται, κρύψου πίσω από τα σακιά.»

Δεν είχε προλάβει να τελειώσει τα λόγια της και ακούστηκαν βαριά βήματα. Ο Τζακ μόλις που πρόλαβε να κρυφτεί πίσω από ένα σακί, όταν η πόρτα άνοιξε με θόρυβο και φάνηκε ο γίγαντας.

ΧΜ, ΧΜ, ΧΜ, ΧΜ!

«Αίμα ανθρώπινο μου μυρίζει! Πού τον κρύβεις;»

Ο γίγαντας τριγύριζε ρουθουνίζοντας εδώ κι εκεί στον αέρα. Κάποια στιγμή μάλιστα πέρασε σχεδόν δίπλα από 'κει που κρυβόταν ο Τζακ.

«Το βραστό είναι που σου μυρίζει,» απάντησε η γριούλα. «Να, μόλις έβαζα λίγο για να το δοκιμάσω. Κάτσε να φας με την ησυχία σου!»

Σε λίγα λεπτά, ο γίγαντας είχε καταβροχθίσει μια τεράστια κατσαρόλα με βραστό. Ύστερα, ρεύτηκε δυνατά και πρόσταξε.

«Φέρε μου τη χήνα! Θέλω κι άλλο χρυσάφι!»

Η γριούλα βγήκε για λίγο από το δωμάτιο και γύρισε κρατώντας μια χήνα, που έδειχνε πολύ λυπημένη. Έκπληκτος, ο Τζακ είδε πως η χήνα άρχισε να γεννάει αβγά. Ολόχρυσα αβγά! Κάθε αβγό που έβγαινε, ο γίγαντας το έπαιρνε και το έβαζε σε μια τεράστια αβγοθήκη. Λίγο αργότερα, πρόσταξε πάλι: «Φέρε μου και την άρπα! Θέλω ν' ακούσω λίγη μουσική!» Η γριούλα ξαναβγήκε για λίγο από το δωμάτιο. Όταν γύρισε κρατούσε μια υπέροχη, ολόχρυση άρπα!

«Παίξε, άρπα! Παίξε!» φώναξε ο γίγαντας...
Κι αμέσως, μια υπέροχη, γλυκιά μουσική

πλημμύρισε το δωμάτιο, καθώς οι χρυσές χορδές άρχισαν να πάλλονται μόνες τους! Σε λίγα λεπτά, ο γίγαντας είχε κοιμηθεί και το ροχαλητό του αντηχούσε σ' όλο το κάστρο.

Ο Τζακ βγήκε κλεφτά
από την κρυψώνα του
και ξεκίνησε να φύγει.
Φεύγοντας πήρε
μαζί του κι ένα σακί,
που κουδούνιζε καθώς
το τραβούσε, αλλά
ο γίγαντας δεν ξύπνησε!
Ο Τζακ έσυρε το σακί
έξω από το κάστρο,
πάνω στο σύννεφο και
έφτασε στην κορφή
της φασολιάς. Επειδή
ήτανε πολύ βαρύ,
το άφησε εκεί και
κατέβηκε γρήγορα
στο έδαφος.

Κάτω στο σπίτι, ο Τζακ βρήκε τη μητέρα του να κοιτάζει με απορία τη φασολιά.

«Σκοινί!» φώναξε ο Τζακ καθώς πήδαγε στο έδαφος. Έτρεξε στην αποθήκη και βγήκε σχεδόν αμέσως με πολλά μέτρα σκοινί τυλιγμένο γύρω από τη μέση του. Αρπάχτηκε από τη φασολιά και άρχισε ν' ανεβαίνει γρήγορα.

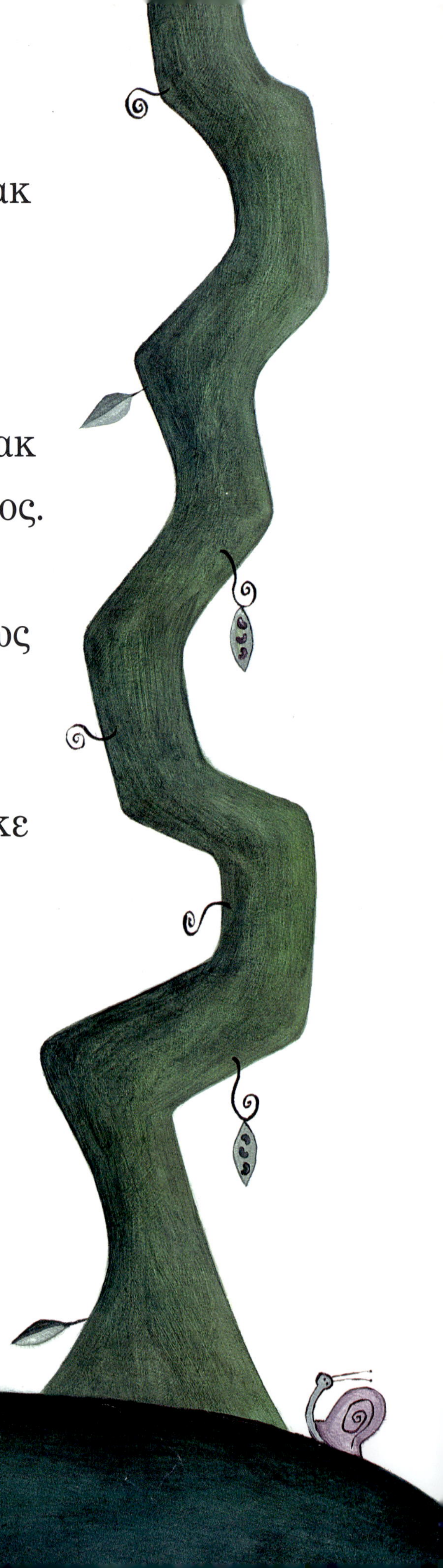

Όταν ο Τζακ ένιωσε
το σκοινί να χαλαρώνει,
κατάλαβε πως το σακί
είχε φτάσει στο έδαφος
και πως η μητέρα του
είχε λύσει το σκοινί.

Στην κορφή της
φασολιάς, έδεσε τη μία
άκρη του σκοινιού στο
ψηλότερο βλαστάρι
και την άλλη στο σακί
με το χρυσάφι. Μετά,
άρχισε να κατεβάζει
με προσοχή το σακί.

Ο Τζακ έτρεξε στο κάστρο για να πάρει κι άλλο σακί. Περνώντας δίπλα από τον κοιμισμένο γίγαντα, η χήνα του ψιθύρισε: «Μπορώ να έρθω κι εγώ μαζί σου; Δεν αντέχω εδώ πάνω. Αν έρθω μαζί σου, δε χρειάζεται να πάρεις άλλο σακί. Θα σου γεννάω εγώ όσα χρυσά αυγά θέλεις.»

Έτσι, ο Τζακ πήρε στην αγκαλιά του τη χήνα και βγήκε βιαστικός απ' την κουζίνα. Στο διάδρομο, όμως, έπεσε πάνω στη γριούλα.

«Μπορώ να έρθω κι εγώ μαζί σου;» τον ρώτησε η γριούλα.

«Φυσικά,» της απάντησε ο Τζακ. «Κράτα εσύ τη χήνα, κι εγώ θα τρέξω πίσω στην κουζίνα να πάρω την άρπα.»

Με την άρπα στην αγκαλιά του, ο Τζακ όρμησε έξω από την κουζίνα. Την ίδια στιγμή, ξύπνησε ο γίγαντας, είδε τι γινόταν κι άρχισε να κυνηγάει το αγόρι.

Έτρεχε ο Τζακ, έτρεχε πίσω του κι ο γίγαντας. Φτάνοντας στην κορφή της φασολιάς, ο Τζακ ένιωσε σχεδόν το χέρι του γίγαντα στα μαλλιά του.

«Γρήγορα!»
φώναξε ο Τζακ
στη γριούλα,

που πιάστηκε από το σκοινί κι άρχισε να γλιστράει προς τα κάτω με τη χήνα στην αγκαλιά της. Πίσω της ακολούθησε ο Τζακ κρατώντας την άρπα. Από την κορφή ψηλά, ακούγανε το γίγαντα, που ούρλιαζε κι έβριζε προσπαθώντας να τους ακολουθήσει.

Η φασολιά λύγιζε πέρα-δώθε, αλλά η γριούλα και ο Τζακ καταφέρανε να φτάσουνε στο έδαφος.

Μόλις πάτησε στη γη, ο Τζακ άρπαξε το σκοινί και το τράβηξε δυνατά, ωσότου είδε το γίγαντα κρεμασμένο από τη λυγισμένη φασολιά να τον κοιτάζει έντρομος. Τότε, ο Τζακ άφησε απότομα το σκοινί!

ΜΠΟΙΝΝΝΓΓΓ

Η φασολιά τινάχτηκε προς
τα πάνω σαν τεράστιος καταπέλτης,
εκτοξεύοντας το γίγαντα
σαν βλήμα στο διάστημα!
Κανένας δεν τον ξαναείδε από τότε.
Και μάλλον εκεί, στο διάστημα,
θα τριγυρνάει ακόμα!

Ο Τζακ έφτιαξε μια ωραία φωλιά για τη χήνα και η μαμά του φύλαξε την άρπα στο ντουλάπι της κουζίνας. Το σακί με τα χρυσά νομίσματα, το έκρυψαν στο υπόγειο για να παίρνουν λίγα-λίγα, όποτε χρειαζόταν ν' αγοράσουν κάτι. Την τελευταία φορά που πήγα να τους δω, η άρπα έπαιζε εύθυμα τραγούδια κι όλοι μαζί γλεντήσαμε και χορέψαμε!